Christian Feldmann

Sieben Menschen gegen den Hass

Patris Verlag, Vallendar-Schönstatt

Bibliografische Information der Deutschen Bibliothek
Die Deutsche Bibliothek verzeichnet diese Publikation in der Deutschen
Nationalbibliografie; detaillierte bibliografische Daten sind im Internet
über http://dnb.ddb.de abrufbar.

Alle Rechte vorbehalten. Printed in Germany
© 2006 by Patris Verlag, 56179 Vallendar/Rhein
ISBN 3-87620-289-2
Bildnachweis: KNA 1,9,15,21,33,45
Reinisch-Sekretariat 38,39
Grafik: Catalina Kirschner, Freiburg
Druck: Siebengebirgs-Druck GmbH, Band Honnef

Inhalt

Seite

Einführung: Zeugen gegen die Mitläufer-Mentalität   6

1. Die Saboteure – Die Geschwister Scholl
 „Man muss etwas machen, um keine Schuld zu haben"   8

2. Der Verschwörer – Dietrich Bonhoeffer
 Glauben, als ob es Gott nicht gäbe   12

3. Die Versöhnerin – Edith Stein
 Gottsuche mit Herz und Verstand   18

4. Der Seelsorger – Joseph Kentenich
 Wie man die Hölle zum Himmel macht   24

5. Der Warner – Nikolaus Groß
 Kein Foto vom Führer   30

6. Der Neinsager – Franz Reinisch
 „Ich gehe immer aufs Ganze"   36

7. Der Anwalt der Verfolgten – Bernhard Lichtenberg
 „Auch wenn ich nur einer bin"   42

Zeugen gegen die Mitläufer-Mentalität

Sie enthalten eine eminent politische Botschaft, die Lebensgeschichten der hier vorgestellten Glaubenszeugen: Leute wie sie, Menschen wie die Geschwister Scholl und Edith Stein, Dietrich Bonhoeffer und Franz Reinisch geben hervorragende Zeugen gegen die wieder in Mode gekommene Mitläufer-Mentalität ab.

Ihre Lebensgeschichten zeigen, dass die Deutschen eben nicht alle unwissend in das Dritte Reich hineingeschlittert und dem Regime dann machtlos gegenüber gestanden sind, wie die schlichten Vergangenheitsbewältiger so gern behaupten. Natürlich hat man gewusst und gesehen, was da geschah – nicht alles, aber genug. Die Frage ist nur, ob man es hinnehmen musste.

Helden hätte es gar keine gebraucht und keine selbstmörderischen Widerstandsaktionen – zumindest in den ersten Jahren des Nazismus, als noch nicht hinter jeder Wand ein Spitzel lauerte und der gnadenlose Terror sich noch nicht wie ein Spinnennetz über das Land zog. Helden hätte es gar keine gebraucht, bloß ein wenig Vernunft und Zivilcourage, meint der Dominikanerpater Franziskus Stratmann, der sich gemeinsam mit Bernhard Lichtenberg im Friedensbund deutscher Katholiken engagierte und dafür schon 1933 ins Gefängnis wanderte.

Stratmann: „Dass das deutsche Volk, um das nationalsozialistische Unheil zu verhindern, aus lauter ‚Helden' hätte bestehen müssen, kann ich nicht gelten lassen. Es hätte nur aus simplen, aber politisch vernünftig denkenden und entschlossen handelnden, bzw. einfach an ihrem Ort stehen bleibenden Staatsbürgern bestehen müssen. Der ‚Widerstand' wäre dann von selbst da gewesen: in jedem Beamten, der sich verfassungswidrige und wahnsinnige Anordnungen auszuführen geweigert hätte, in jedem Professor und Lehrer, der nach wie vor bei der zuvor von ihm erkannten wissenschaftlichen Wahrheit geblieben wäre, in jedem Pfarrer, der fortgefahren hätte, das unverkrümmte Evangelium zu verkündigen, in jedem Offizier, der an dem, was er früher für seine Ehre hielt, festgehalten hätte, und in jedem schlichten Mann, der nach wie vor zu seinem eigenen und zum gemeinsam verbrieften Recht gestanden wäre. Heldentum? Nein, zivile Gesundheit! Mündigkeit statt des trostlosen Sichführenlassens! (...) Als ob man durchaus ein Held sein müsste, um kein Waschlappen zu sein! (...) Fragte man mich: Wer hat mehr Verantwortung dafür, dass die Dinge in Deutschland so gelaufen sind, das halbe Prozent Gangster oder die 99 Prozent der Ordentlichen, so würde ich ohne weiteres sagen: diese, die Ordentlichen."

Und wo sind heute die Machthaber, denen wir zu widerstehen haben? Wo werden heute Minderheiten ausgegrenzt, verfolgt, dem Elend oder dem Tod preisgegeben, „Artfremde", wie das einmal hieß, Ausländer, Andersgläubige, Leute mit anderem Lebensentwurf und eigenständigem Denken? Christen dürfen nicht wegschauen, wenn Christus aufs neue gekreuzigt wird in seinen Menschenbrüdern und -schwestern.

März 2006 *Christian Feldmann*

1. Die Saboteure
Die Geschwister Scholl

„Man muss etwas machen, um keine Schuld zu haben"

„Ich kann nicht abseits stehen,
weil es für mich abseits kein Glück gibt,
weil es ohne Wahrheit kein Glück gibt –
und dieser Krieg ist im Grunde ein Krieg um die Wahrheit.
Alle falschen Throne müssen erst zersplittern,
das ist das Schmerzliche, um das Echte unverfälscht erscheinen zu lassen."

Hans Scholl am 28.10.1941 an seine Freundin

„So ein herrlicher sonniger Tag, und ich muss gehen.
Aber wie viele müssen heute auf den Schlachtfeldern sterben. (...)
Was liegt an meinem Tod, wenn durch unser Handeln
Tausende von Menschen aufgerüttelt werden!"

Sophie Scholl kurz vor ihrem Tod zu einer Mitgefangenen

Sophie Scholl und Christoph Probst (r.) verabschieden Hans Scholl. Er wurde an die Ostfront abkommandiert.

Am 18. Februar 1943 huschten zwei schlanke Gestalten durch die verlassenen Flure der Münchner Universität; die Vorlesungen waren noch nicht zu Ende. Vor den Hörsaaltüren, auf Fenstersimsen und Mauervorsprüngen verteilten sie Flugblätter, die eine nüchterne Beschreibung der militärischen Lage gaben („Hitler kann den Krieg nicht gewinnen, nur noch verlängern"), zum Widerstand gegen die Nazi-Diktatur aufriefen und von einem neuen, europäisch orientierten Deutschland in Freiheit träumten. Als am Ende noch Flugblätter übrig waren, ließen sie diese vom obersten Stockwerk unter der großen Glaskuppel in den Innenhof hinunterflattern.

Die beiden Studenten Hans und Sophie Scholl, setzten sie alles auf eine Karte, weil sie die Anspannung der letzten Monate nicht mehr aushielten? Die verwegene Aktion war jedenfalls ein tödlicher Fehler. Der Hausmeister Jakob Schmied, ein strammer SA-Mann, sah die Blätter durch das Treppenhaus segeln, rannte den beiden nach und schleppte sie in das Rektorat. Die Gestapo rückte an, schloss alle Ausgänge, sammelte die Flugblätter ein. Nur wenige Tage später wurden Hans und Sophie Scholl in einem Schauprozess zum Tod verurteilt und zum Schafott geführt, während sich der Hausmeister Schmied von braunen Studenten als Held feiern ließ und 3000 Reichsmark Belohnung kassierte.

„Sag nicht, es ist für's Vaterland"

Sophie Scholl stammte aus einer Familie, in der selbstständiges Denken geschätzt war. Im Bund Deutscher Mädel hielt es sie nicht lange. Sie begriff nicht, warum ihre Lieblingsfreundin Inge, mit ihren blonden Haaren und blauen Augen das Musterexemplar eines deutschen Mädchens, als Jüdin dort nicht erwünscht war.

Sophie träumte lieber vom Biologiestudium statt von einem Dasein als Hausfrau und Mutter. Einem Briefpartner vertraute sie an: „Du findest es sicher unweiblich, wie ich Dir schreibe. Es wirkt lächerlich an einem Mädchen, wenn es sich um Politik kümmert. Sie soll ihre weiblichen Gefühle bestimmen lassen über ihr Denken. Vor allem das Mitleid. Ich aber finde, dass zuerst das Denken kommt, und dass Gefühle oft irreleiten (...)"

Jeder Mensch müsse doch „damit rechnen, im nächsten Augenblick von Gott zur Rechenschaft gezogen zu werden", notierte Sophie in ihrer nüchternen Religiosität und nahm sich die Freiheit, den Krieg vom ersten Augenblick an anders zu bewerten als die offizielle Propaganda. Als deutsche Truppen am 1. September 1939 in Polen einfielen, schrieb sie an einen Freund: „Ich kann es nicht begreifen, dass nun dauernd Menschen in Lebensgefahr gebracht werden von anderen Menschen. Ich kann es nicht begreifen und ich finde es entsetzlich. Sag nicht, es ist für's Vaterland." Damals war sie 18 Jahre alt.

Sophies Bruder Hans, der nach Abitur und Arbeitsdienst Medizin zu studieren begonnen hatte, ließ sich bei den regelmäßigen Diskussions- und Leseabenden mit seinen Freunden in der Opposition bestärken. Zu der Gruppe gehörten der in Russland geborene Alexander Schmorell, der stark von katholischen Jugendgruppen geprägte Willi Graf und Christoph Probst, der schon mit 21 geheiratet hatte und bereits zweifacher Familienvater war.

Doch durfte man sich auf philosophische Gespräche und die Lektüre kritischer Bücher beschränken, wenn überall aufrechte Christen verfolgt, Gewerkschafter verhaftet, Juden deportiert und ganze Regimenter in einem wahnwitzigen Krieg an der Front verheizt wurden? Im Sommer 1942 begann die Gruppe Flugblätter zu entwerfen, um Mitbürger, die bisher noch treu zum Regime standen, über die im Krieg und in den KZs verübten Gräuel und die katastrophale militärische Lage zu informieren.

„Leistet passiven Widerstand", konnten die Münchner auf den unscheinbaren Zetteln lesen, „verhindert das Weiterlaufen dieser atheistischen Kriegsmaschine, ehe es zu spät ist, ehe die letzten Städte ein Trümmerhaufen sind, gleich Köln, und ehe die letzte Jugend des Volkes irgendwo für die Hybris eines Untermenschen verblutet ist. Vergesst nicht, dass ein jedes Volk diejenige Regierung verdient, die es erträgt!"

Es war ein Appell an das persönliche Gewissen, mit Hinweisen auf die vom NS-Terror verhöhnte abendländische Kultur und das christliche Menschenbild, garniert mit Zitaten von Goethe, Schiller, Aristoteles, Augustinus, ganz anders als die übliche Agitation politischer Widerstandsnester. Die Flugblätter wollten eine intellektuelle Elite ansprechen und waren bewusst an Professoren, Studenten, Publizisten, aber auch an Gastwirte verschickt worden, deren Anschriften sich die Gruppe aus Adress- und Telefonbüchern besorgt hatte.

Was die Studenten da heimlich in ihre Schreibmaschinen tippten und auf einem altersschwachen Kopiergerät vervielfältigten, verrät politischen Durchblick und eine klare Strategie: Herstellung einer Gegenöffentlichkeit zur Nazi-Propaganda und Sabotage der Rüstungsbetriebe, der technischen Büros und Laboratorien.

Später kamen Vorstellungen für den Aufbau eines neuen Staates nach dem erhofften Ende der Hitler-Diktatur hinzu: „Ein einseitiger preußischer Militarismus darf nie mehr zur Macht gelangen (...) Das kommende Deutschland kann nur föderalistisch sein." Neuaufbau „in großzügiger Zusammenarbeit der europäischen Völker". Eine andere gesellschaftliche Machtverteilung mit einem „vernünftigen Sozialismus".

Sophie Scholl, drei Jahre jünger als ihr Bruder Hans, hatte eine Ausbildung im Kindergarten des Ulmer Fröbelseminars gemacht, um dem Arbeitsdienst zu entgehen, musste diesen aber dann doch ableisten - in einer Waffenfabrik, wo sie sich mit russischen Zwangsarbeiterinnen anfreundete. Im Sommer 1942 begann sie in München Biologie und Philosophie zu studieren, wohnte bei Hans, lernte seine Freunde kennen, stieß zufällig auf ein Flugblatt der Gruppe - und wurde eines ihrer entschlossensten Mitglieder.

Sie übernahm die Kassenführung, fuhr mit einem Koffer voller Flugblätter nach Ulm, Augsburg, Stuttgart, wo sie das brisante Material in weit voneinander entfernte Briefkästen einwarf, um die bereits fieberhaft im ganzen süddeutschen Raum ermittelnde Gestapo zu verwirren. „Wenn hier Hitler mir entgegenkäme und ich eine Pistole hätte, würde ich ihn erschießen", gestand sie einer Freundin. „Wenn es die Männer nicht machen, muss es eben eine Frau tun!" Und nachdenklich fügte sie hinzu: „Man muss etwas machen, um selbst keine Schuld zu haben."

„Die Weiße Rose lässt Euch keine Ruhe!"

Stalingrad wurde zum Wendepunkt im Verhältnis der Deutschen zu ihrer Führung. Die Stimmung schlug um; aus München, wo täglich Flüchtlingstransporte aus den zerbombten Städten im Norden eintrafen, meldeten geheime Gestapo-Berichte, es sei nicht ratsam, das Parteiabzeichen am Revers zu tragen, und für den Gruß „Heil Hitler" könne man sich schon mal eine Ohrfeige einfangen. Die Scholls und ihre Freunde begannen wilde Hoffnungen zu hegen: Würde es jetzt nicht doch zum Militärputsch kommen? Stand die Invasion der Alliierten bevor?

Die Gruppe wurde unvorsichtig. Nachts liefen Hans Scholl, Schmorell und Graf durch die verdunkelten Straßen, malten durchgestrichene Hakenkreuze und die Worte „Freiheit!" und „Nieder mit Hitler" auf Hausfassaden und Universitätsgebäude - ja sogar an die Wände der Feldherrnhalle, wo SS-Posten Tag und Nacht Wache standen. Während russische Arbeiterinnen die Farbe von den Wänden schrubben mussten, tauchten in der Stadt schon wieder die geheimnisvollen Flugblätter mit der beschwörenden Versicherung auf: „Wir schweigen nicht, wir sind Euer Gewissen; die Weiße Rose lässt Euch keine Ruhe!" Und: „Im Namen des ganzen deutschen Volkes fordern wir vom Staat Adolf Hitlers die persönliche Freiheit, das kostbarste Gut der Deutschen, zurück (...)"

Das stand auch auf den Blättern, die am 18. Februar 1943 in den Lichthof der Universität hinabflatterten und den Geschwistern Scholl das Todesurteil bescherten. Von der Haltung, die sie während der Verhöre bewiesen, war sogar die Gestapo beeindruckt. Sie hätten die ganze Schuld auf sich genommen und erklärt, mit ihren Aktionen habe man möglichst vielen Menschen das Leben retten wollen, gab einer der Beamten später zu Protokoll. „Sie haben sich so fabelhaft tapfer benommen", erinnert sich ein Bewacher aus dem Gefängnis München-Stadelheim.

Die beste Figur machte nach allen Zeugenaussagen die 21-jährige Sophie. Während der Gerichtsverhandlung - eine elende Farce wie alle Schauprozesse der NS-Justiz - fiel sie unbeirrt mehrmals dem tobenden, brüllenden, wutschäumenden Vorsitzenden Roland Freisler ins Wort: „Einer muss ja doch mal schließlich damit anfangen!" verteidigte sie sich. „Was wir sagten und schrieben, denken ja so viele. Nur wagen sie es nicht auszusprechen!"

Wenige Tage nach der Hinrichtung tauchten an der Fassade der Universität neue Inschriften auf: „Scholl lebt! Ihr könnt den Körper, aber niemals den Geist zerstören!" Die Flugblätter der Weißen Rose wurden von alliierten Flugzeugen zu Tausenden über deutschen Städten abgeworfen und dienten im Ausland als Beweis, dass noch ein anderes Deutschland existierte.

2. Der Verschwörer
Dietrich Bonhoeffer

Glauben, als ob es Gott nicht gäbe

„Es gibt Menschen, die es für unernst, Christen, die es für unfromm halten, auf eine bessere irdische Zukunft zu hoffen und sich auf sie vorzubereiten. Sie glauben an das Chaos, die Unordnung, die Katastrophe als den Sinn des gegenwärtigen Geschehens und entziehen sich in Resignation oder frommer Weltflucht der Verantwortung für das Weiterleben, für den neuen Aufbau, für die kommenden Geschlechter. Mag sein, dass der Jüngste Tag morgen anbricht, dann wollen wir gern die Arbeit für eine bessere Zukunft aus der Hand legen, vorher aber nicht."

„(...) und ich möchte von Gott nicht an den Grenzen, sondern in der Mitte, nicht in den Schwächen, sondern in der Kraft, nicht also bei Tod und Schuld, sondern im Leben und im Guten des Menschen sprechen."

Dietrich Bonhoeffer, Aufzeichnungen an der Jahreswende 1942/43 und im Militärgefängnis Berlin-Tegel 1944

Am 5. April 1943, zwei Monate nach der Katastrophe von Stalingrad, wird ein politischer Häftling in das Militärgefängnis Berlin-Tegel eingeliefert. Zwölf Tage lang öffnet sich seine Zelle nur zum Essensempfang und zum Ausleeren des Kübels mit der Notdurft. Den Grund für seine Verhaftung erfährt er erst ein halbes Jahr später.

In der Zelle ist es kalt, Seife oder frische Wäsche gibt es nicht. Am nächsten Morgen wirft man dem Gefangenen durch die Türluke ein Stück Brot auf den Zellenboden. Nach einigen Tagen notiert der Häftling auf einem Zettel, wie ihm zumute ist: „Selbstmord, nicht aus Schuldbewusstsein, sondern weil ich im Grunde schon tot bin, Schlussstrich, Fazit."

Aber der Häftling, der Pastor und heimliche Verschwörer Dietrich Bonhoeffer, stirbt nicht. Er wird in einen anderen Trakt des Gefängnisses verlegt, darf Bücher und Schreibpapier bekommen und alle zehn Tage einen Brief abschicken. Seine Stube ist zwei mal drei Meter groß, ausgestattet mit Pritsche, Schemel, Wandbrett und Eimer. Doch was der Häftling Bonhoeffer in den nächsten anderthalb Jahren aus dieser engen, schlecht erleuchteten Zelle schmuggelt, auf Zettel gekritzelt oder in den - zensierten - Briefen an seine Familie eingestreut, geht in die Geistesgeschichte des 20. Jahrhunderts ein.

Zwischen Hoffnung und Todesangst redet Bonhoeffer mit einem Gott, der seine Menschen scheinbar verlassen hat. Diese Gespräche in den einsamen Tagen und Nächten bilden die Situation eines gottfernen Zeitalters ab und werden zur Wegweisung für die Christen, die ihren Glauben auf dem schmalen Grat zwischen Treue und Verzweiflung zu leben versuchen.

Die Großmama ließ sich auch von der SA nicht schrecken

Dietrich Bonhoeffer, am 4. Februar 1906 in Breslau geboren, stammte aus einer für alle geistigen Strömungen der Zeit, für Politik, Kunst und Musik aufgeschlossenen Professorenfamilie. Es machte starken Eindruck auf Dietrich, als sich seine Großmutter 1933 nicht am Boykott jüdischer Geschäfte beteiligte, sondern sich resolut an den SA-Wachtposten vorbei in die Läden schob.

Der Theologiestudent Bonhoeffer ist seinen Kommilitonen in Tübingen und Berlin als außerordentlich heller, kritischer Kopf in Erinnerung geblieben, aber auch als temperamentvoller, zu Späßen aufgelegter Kumpel. Praktische seelsorgliche Erfahrungen erwarb er sich in der Arbeit mit Kindergruppen in Berlin und als Vikar in Barcelona, wo er vor allem mit deutschen Kaufleuten zu tun hatte.

Als ihn seine Vorgesetzten als Stipendiaten an das Union Theological Seminary nach New York schickten, erlebte er bestürzt die Auswirkungen des Rassismus im schwarzen Getto Harlem und begann die althergebrachte Trennung zwischen Glaube und Politik in Frage zu stellen. Zurückgekehrt an die Berliner Uni, wo er jetzt als Privatdozent Vorlesungen hielt und Seminare leitete, suchte er seine Studenten zu überzeugen, dass der Krieg zu ächten sei - eine unerhörte Botschaft zu einer Zeit, als sich die Nazis an den Hochschulen immer mehr breit machten.

Am Abend des 30. Januar 1933 kam Bonhoeffers Schwager und kommentierte Hitlers soeben stattgefundene Machtübernahme mit den Worten: „Das bedeutet Krieg!" Die ganze Familie stimmte vorbehaltlos zu. Anders als viele seiner Kollegen aus der Pfarrer- und Theologenzunft, die auf Hitlers fromme Phrasen hereinfielen und die Anfänge des braunen Terrors als notwendiges Übel zur Abwehr des Bolschewismus verharmlosten, wusste Dietrich Bonhoeffer sofort, was er von den Nazis zu erwarten hatte: das Ende aller bürgerlichen Freiheiten in Deutschland und einen erbarmungslosen Kirchenkampf – es sei denn, die Kirche würde sich nicht gleichschalten lassen und eine ungestörte Kultausübung mit dem Verzicht auf ihr prophetisches Wort erkaufen.

Genau das aber durfte nicht sein. Während die auf Nazi-Kurs marschierenden Deutschen Christen die Verfassung für eine „Reichskirche" vorbereiteten, sprach Bonhoeffer auf Protestversammlungen - und schlug vor, die Pfarrer sollten in einen Beerdigungsstreik treten.

Im September 1933 erfand die Preußische Generalsynode den Arierparagraphen: Menschen jüdischer Abstammung oder mit Jüdinnen Verheiratete durften in der evangelischen Kirche kein Amt mehr übernehmen. Einer solchen Kirche gegenüber gebe es nur noch einen Dienst der Wahrheit, nämlich den Austritt, erklärte der entsetzte Bonhoeffer auf Flugblättern, die er selbst an Bäume und Laternenpfähle heftete. Er beteiligte sich an der Gründung von Pastor Niemöllers Pfarrernotbund, aus dem später die Bekennende Kirche entstand. In Finkenwalde bei Stettin übernahm er bald darauf ein Predigerseminar zur praktischen Ausbildung angehender Pfarrer. Als die Gestapo das Seminar schloss, führte der erfinderische Bonhoeffer den Unterricht in leerstehenden Pfarrhäusern weiter.

Doch irgendwann genügte diese innere Emigration in kleinen Zirkeln nicht mehr: Unter bestimmten Voraussetzungen, so hatte er bereits 1933 geschrieben, könne es für die Kirche notwendig werden, „nicht

nur die Opfer unter dem Rad zu verbinden, sondern dem Rad selbst in die Speichen zu fallen". Nach der „Reichskristallnacht" 1938, als überall in Deutschland die Synagogen brannten und jüdische Mitbürger verschwanden, beschwor Bonhoeffer seine Glaubensbrüder und -schwestern: „Nur wer für die Juden schreit, darf auch gregorianisch singen!" Womit er meinte, eine Christenheit, die zur Verfolgung und Entrechtung eines ganzen Volkes schweige, habe das Recht verwirkt, Gott in schönen Hymnen zu loben.

**Ein Pastor lernt
das Verschwörerhandwerk**

Und Dietrich Bonhoeffer, der Gelehrtentyp mit dem nüchternen Verstand, intellektuell, feinsinnig, enorm belesen - dieses fast schon klassische Exemplar eines europäischen Theologen, begann das schwierige Handwerk eines politischen Verschwörers zu erlernen. Auf raffinierte Weise schleuste er vom Tod bedrohte Juden über die Reichsgrenze. Durch seinen Schwager Hans von Dohnanyi, der im Oberkommando der Wehrmacht tätig war, bekam er Kontakt zu der Widerstandsbewegung um den Chef der Abwehr, Admiral Wilhelm Canaris. Seine guten ökumenischen Kontakte in halb Europa machte man sich dort gern zunutze.

Die Abwehr schickte ihn als „Geheimagenten" ins Ausland. Offiziell hatte Bonhoeffer bei diesen Reisen Informationen für den deutschen Geheimdienst zu sammeln. Seine eigentliche Aufgabe war es jedoch, die Freunde im Ausland über die Aktivitäten des Widerstands zu unterrichten und von ihnen Informationen mitzubringen. Es ging um die Planung von Deutschlands Zukunft für den Fall eines erfolgreichen Umsturzes.

Als Bonhoeffers unmittelbarer Vorgesetzter in der Abwehr über ein Devisenvergehen stolperte, wurde im Zuge der Ermittlungen mehr zufällig auch Dietrich Bonhoeffer verhaftet, im April 1943. Erst mit dem gescheiterten Attentat auf Hitler vom 20. Juli 1944 flog der ganze Verschwörerring auf.

Jetzt wartete Bonhoeffer auf den Tod, mit dem er sich nach langem Aufbäumen ausgesöhnt hatte. Im finsteren Kellergefängnis der Berliner Gestapo entstanden Ende 1944 die bekannten Verse von dem Licht, das in der Nacht scheint:

„Von guten Mächten wunderbar geborgen, / erwarten wir getrost, was kommen mag. / Gott ist mit uns am Abend und am Morgen / und ganz gewiss an jedem neuen Tag."

Wenige Wochen vor Kriegsende trat Bonhoeffer zusammen mit anderen prominenten Häftlingen eine Odyssee durch Thüringen und Bayern an, während sich die amerikanischen Truppen näherten - bis aus dem Führerhauptquartier der Befehl kam, die Gruppe um Canaris zu liquidieren. Hitler wollte seine letzte Rache haben. Am frühen Morgen des 9. April 1945 starb Dietrich Bonhoeffer im oberpfälzischen KZ Flossenbürg, an einem langen Nagel an der Wand aufgehängt. Augenzeugen erinnern sich an seine letzten Worte: „Das ist das Ende – für mich der Beginn des Lebens." Bonhoeffers Leichnam wurde verbrannt.

Im tristen Dunkel der Gefängniszelle, während Gott sich zu verhüllen und nur der Teufel zuzuhören schien, hatte er einen trotzig-vertrauensvollen Glauben gelernt. Was er damals niederschrieb, hat seither unzähligen Christen geholfen, die im „nachchristlichen" Zeitalter dieselbe Erfahrung machen: Gott schweigt, und Glauben erscheint riskant, schwer, manchmal unmöglich.

„Gott gibt uns zu wissen, dass wir leben müssen als solche, die mit dem Leben ohne Gott fertig werden", sinniert der Häftling Bonhoeffer. „Der Gott, der mit uns ist, ist der Gott, der uns verlässt. (...) Der Gott, der uns in der Welt leben lässt ohne die Arbeitshypothese Gott, ist der Gott, vor dem wir dauernd stehen. Vor und mit Gott leben wir ohne Gott." Man müsse heute in der Welt leben, „als ob es Gott nicht gäbe".

Das bedeutet: Gott ist da in dieser Welt, aber nicht als majestätischer Herrscher, sondern als Leidender, ohnmächtig, dienend. Gott leidet mit seiner Welt mit, er gibt sich hin – und verwandelt damit die Not. Die Zukunft werde einem „religionslosen" Christentum gehören, prophezeit Dietrich Bonhoeffer. Keine Religion mehr als Flucht aus der Verantwortung. Kein Lückenbüßer-Gott mehr als Medizin für die Krankheiten dieser Welt, die wir selbst kurieren sollen. Dafür aber ein kraftvolles Christsein, das verantwortlich handelt und den Menschen dient.

3. Die Versöhnerin
Edith Stein

Gottsuche mit Herz und Verstand

„Kann etwas anderes meinem hinfälligen, von Punkt zu Punkt nur an echte Existenz rührenden Sein Halt geben als das wahre Sein, in dem nichts von Nichtsein ist, das, aus sich allein keines andern Haltes fähig und bedürftig, unwandelbar steht?"

Edith Stein: Potenz und Akt. Studien zu einer Philosophie des Seins

„Wer die Wahrheit sucht, der sucht Gott, ob es ihm klar ist oder nicht."

Brief an Adelgundis Jaegerschmid OSB

„Sie ahnen nicht, was es für mich bedeutet, wenn ich morgens in die Kapelle komme und im Blick auf den Tabernakel und auf das Bild Mariens mir sage: sie waren unseres Blutes."

In einem Brief aus dem niederländischen Karmel Echt an Pater Johannes Hirschmann SJ

Nach jahrelangen peinlichen Querelen, ausgelöst durch besorgte orthodoxe Juden in Israel und nicht gerade judenfreundliche Kreise im Vatikan, sprach Papst Johannes Paul II. 1998 die jüdische Philosophin und Ordensfrau Edith Stein heilig. Die Kritiker aus dem Judentum hatten befürchtet, die plakative Ehrung einer konvertierten Jüdin könne als falsches Signal verstanden werden, als Aufruf zur Mission und „Proselytenmacherei". Für manchen Kardinal wiederum, so wird ein Vatikan-Insider zitiert, sei die Heiligsprechung einer Katholikin, „die einmal Jüdin war und für diese Herren immer eine Jüdin geblieben ist", einer Gotteslästerung gleichgekommen.

Dabei eignet sich Edith Stein wie kaum eine andere Frau dieses Jahrhunderts als Symbolfigur christlich-jüdischer Versöhnung - und als Modell zeitnahen Glaubens, ebenso radikal in ihrem Zweifel wie in ihrer Wahrheitssuche, ebenso konsequent im Entschluss, sich Gott in die Arme zu werfen, wie in der Liebe zu ihrem verfolgten jüdischen Volk. In Edith Stein begegnen wir einer notorischen Skeptikerin, die noch in ihrer Studentenzeit (bis zum 21. Lebensjahr, um genau zu sein) lieber Atheistin sein wollte, als vorschnell ein nicht voll akzeptiertes Glaubensbekenntnis zu sprechen.

Wir treffen aber auch eine hartnäckig Fragende, die den Mut hatte, auch den eigenen Atheismus in Zweifel zu ziehen. Eine messerscharfe Denkerin, die Gott nicht nur mit dem Herzen, sondern auch mit dem Verstand finden wollte.

Eine konsequente Verteidigerin der Menschenwürde, die sie darin begründet sah, dass der Mensch Gottes Ebenbild ist. Eine Hoffnungsträgerin, die mitten in der Hölle der Vernichtungslager einen Lichtschimmer verbreitete: Der Hass dürfe niemals stärker sein als die Liebe, hat sie gesagt.

Und eine glaubwürdige Zeugin des geschundenen Christus, die von Nachfolge nicht nur fromm redete, sondern bis zum bitteren Ende Solidarität mit ihrem gejagten, gefolterten, gemordeten Volk bewies.

Radikale Fragen nach dem letzten Grund

Aufgewachsen ist sie in der intensiven religiösen Atmosphäre einer jüdischen Kaufmannsfamilie. In Breslau kam sie 1891 zur Welt. Ein langweilig-vergeistigtes Wunderkind ist sie nie gewesen, sie sprudelte über von verrückten Einfällen. Als Edith 1911 ihr Studium an der Universität Breslau begann, bezeichnete sie sich als Atheistin. Sie wollte Lehrerin werden, studierte Germanistik und Geschichte, belegte philosophische und psychologische Vorlesungen.

Fasziniert von der auf Wahrheit und Gewissheit ausgehenden Philosophie Edmund Husserls, von ihrer radikalen Absage an den modischen Skeptizismus, wechselte sie nach Göttingen über, wo Husserl lehrte. Doch längst schon fragte sie über ihren verehrten Professor hinaus nach dem tiefsten Grund der Wirklichkeit.

Die Studentin litt an Schlafstörungen, wurde von Zukunftsängsten gepeinigt. Damals habe sie nicht mehr über die Straße gehen können, berichtet sie, ohne zu wünschen, von einem Auto überfahren zu werden. Da war es heilsam, dass sie 1915 als Rotkreuzhelferin im Seuchenlazarett Mährisch-Weißkirchen geballtem menschlichen Leid begegnete und entdeckte, dass es schlimmere Probleme gab als Staatsexamen und philosophische Streitfragen.

Das Examen war im übrigen gut verlaufen; Edith Stein hätte jetzt an einer Schule unterrichten können. Doch Edmund Husserl wollte auf seine begabteste Schülerin - sie hatte bereits im fünften Semester mit der Doktorarbeit begonnen - nicht verzichten. Als er 1916 einem Ruf nach Freiburg folgte, machte er Edith Stein zu seiner Assistentin. Ihre Hauptaufgabe: Zigtausende von Gedankensplittern auf Zehntausenden von Manuskriptblättern des chaotischen Genies in eine vernünftige Ordnung zu bringen.

Das zunehmend antisemitische Klima stoppte zunächst die Universitätskarriere der hochbegabten Frau. In dieser Zeit öffnete sich Edith Stein, beeindruckt von der Glaubenskraft, mit der die Witwe eines früh gestorbenen Freundes ihren Verlust trug, dem Christentum. Mit all ihren Forschungen und Studien hatte sie immer nur Stücke vom Leben und von der Wahrheit erreicht. Doch der Mensch sei nicht bloß auf einzelne Wahrheiten aus, formulierte sie später in ihrem philosophischen Hauptwerk „Endliches und ewiges Sein", sondern „er will Ihn selbst, der die Wahrheit ist".

1922 ließ sie sich – zum Schmerz der Mutter – taufen, ging aber weiter mit ihr in die Synagoge, wo sie die jüdischen Psalmen aus ihrem lateinischen Brevier mitbetete. Als Deutschlehrerin war sie nun in Speyer tätig - ohne ihre wissenschaftliche Arbeit zu vernachlässigen. In zahlreichen Reden vor Akademikerkreisen und Lehrerinnenverbänden stritt sie gegen die Unterdrückung der Frau und warb dafür, ihr die Eingliederung in das Berufsleben zu erleichtern. Denn es gebe „keinen Beruf, der nicht von einer Frau ausgeübt werden könnte".

Von der braunen Ideologie, die sich an den Hochschulen immer breiter machte und geschickt mit einem nebulosen „positiven Christentum" tarnte, ließ sie sich keinen Augenblick

täuschen. Eine kurze Dozentinnentätigkeit am Institut für wissenschaftliche Pädagogik in Münster wurde 1933 durch das Nichtariergesetz beendet. Im selben Jahr erhielt Papst Pius XI. einen versiegelten Brief der bereits recht bekannten Rednerin und Philosophin mit der dringenden Bitte, er möge eine Enzyklika zugunsten der verfolgten Juden erlassen und mit dem Gewicht seines Amtes gegen ihre Ausgrenzung, wirtschaftliche Vernichtung und Vertreibung protestieren.

Der Wortlaut des Briefes ist erst Anfang 2003, nach der Öffnung der Deutschland-Abteilung des vatikanischen Geheimarchivs für die Jahre 1922 bis 1939, bekannt geworden. Edith Stein berichtet über die antisemitischen Ausschreitungen und Boykottmaßnahmen in Deutschland, über Selbstmorde in ihrer Umgebung, und sie beschwört ihre Kirche, die Stimme gegen die „Vergötzung der Rasse und der Staatsgewalt" und gegen den „Vernichtungskampf gegen das jüdische Blut" zu erheben:

„Man mag bedauern, dass die Unglücklichen nicht mehr inneren Halt haben, um ihr Schicksal zu tragen. Aber die Verantwortung fällt doch zum großen Teil auf die, die sie so weit brachten. Und sie fällt auch auf die, die dazu schweigen. (...) Wir sind auch der Überzeugung, dass dieses Schweigen nicht imstande sein wird, auf die Dauer den Frieden mit der gegenwärtigen deutschen Regierung zu erkaufen. Der Kampf gegen den Katholizismus wird vorläufig noch in der Stille und in weniger brutalen Formen geführt wie gegen das Judentum, aber nicht weniger systematisch."

Das Asylverfahren war ein Trauerspiel

Der Versuch, Christen und Juden zum Schulterschluss gegen die blutige Macht- und Ausrottungspolitik der Nazis zu bringen, war vergeblich - nicht etwa, weil der Papst Edith Steins Sorge nicht geteilt hätte. Pius XI. lehnte Antisemitismus strikt ab; sein Rundschreiben „Mit brennender Sorge" (1937) war die schärfste Kampfansage, der sich der Nationalsozialismus jemals gegenüber sah. Doch die schließlich in Auftrag gegebene Enzyklika gegen den Rassismus – die sich Leute wie Edith Stein gewünscht hatten – konnte nicht mehr erscheinen, weil der Papst starb und sein Nachfolger Pius XII. die verschwiegenen Wege der Diplomatie und der (durchaus effektiven) Hilfe hinter den Kulissen dem lauten öffentlichen Protest vorzog.

Die kurz darauf, am 14. Oktober 1933, in den Karmelitenorden Eingetretene ließ sich von dem Misserfolg nicht entmutigen. Sie blieb ihrem Volk unverbrüchlich treu. Als Nonne hat sie keineswegs ihr Judentum abgelegt wie ein unmodern gewordenes Kleid. Im Gegenteil, als Christin lernte sie den Gott, der ihr Volk durch seine ganze Geschichte geprägt hat, erst richtig lieben. Die Schicksalsgemeinschaft zwischen Christen und Juden wollte sie bis in ihr qualvolles Sterben hinein konsequent leben.

Um ihre Mitschwestern nicht zu gefährden, übersiedelte Teresia Benedicta a Cruce (die vom Kreuz Gesegnete, wie Edith Stein im Orden hieß) in der Silvesternacht 1938/39 nach Holland. Aber 1940 marschierten die Nazis auch hier ein. Man bemühte sich darum, ihr eine Auswanderungserlaubnis in die Schweiz zu verschaffen, doch staatliche und kirchliche Bürokraten machten das Asylverfahren zu einem zeitraubenden Trauerspiel. „Wir ließen unsere Opfer nicht ins Land", so entzauberte der Schweizer Friedrich Dürrenmatt später die Legende von der heldenhaften Schweiz als Hort der Freiheit, „oder schoben sie wieder über die Grenze und damit aus unserem Bewusstsein".

Die Lage spitzte sich zu: Am 26. Juli 1942 wurde in allen niederländischen Kirchen sämtlicher Konfessionen ein geharnischter Protest gegen die Deportation jüdischer Familien verlesen – in den katholischen Gotteshäusern ergänzt durch ein Hirtenwort, das mit einem für die Besatzer höchst provokativen Gebet für das Volk Israel schloss. Eine Woche später wollten die Deutschen ihre Rache haben: Sie verhafteten sämtliche katholischen Juden in den Niederlanden.

Die Opfer des Racheakts wurden in verdreckte Lagerbaracken gebracht, geprügelt, mit Scheinhinrichtungen gequält. Am 7. August transportierte man rund tausend Juden nach Auschwitz. Edith Stein und ihre Schwester Rosa sind wahrscheinlich sofort nach ihrer Ankunft am 9. August 1942 dort vergast worden.

4. Der Seelsorger
Joseph Kentenich

Wie man die Hölle zum Himmel macht

„Die Gottesmutter, die große Mithelferin, hat der Seele nach mithängen dürfen am Kreuze. (...) Auch ich will mithelfen, will mich vor nichts drücken. (...) Wir müssen das Sterben üben dadurch, dass wir Disziplin halten. Wir haben nicht viel Zeit zum Disputieren. Heute heißt es handeln (...)."

Joseph Kentenich am Vorabend seines Gestapo-Verhörs am 19. September 1941

„Aus allen Nationen, die hier leiden,
wähl' dir die Besten, um dein Reich zu weiten (...).
Lass dich zur Weltenkönigin ernennen,
von heißer Liebe uns zu dir entbrennen,
die ganze Welt zu deinem Dienst entzünden,
dass alle Völker sicher heimwärts finden."

Marienlied der Schönstatt-Internationale, von Joseph Kentenich im KZ Dachau getextet

Nach seiner Freilassung aus dem KZ Dachau „probt" P. Kentenich seine Heimreise nach Schönstatt per Pferdefuhrwerk

25 Jahre nach jener folgenreichen kleinen Rede vor einer Schülergruppe, die am Anfang des weltumspannenden Schönstattwerks stand, hielt Joseph Kentenich am 18. Oktober 1939 einen ebenso dankbaren wie hoffnungsvollen Rückblick. Darin bezeichnete er dieses Werk als Geschenk von „Gottes Weisheit, Güte und Allmacht" und sang ein Loblied auf Maria: „Sie ist es, die uns den monumentalen Bau unseres aszetischen und pädagogischen Systems geschenkt, das sich in feiner Weise der gottgewollten Eigenart des Individuums und der Gemeinschaft anpasst. Sie ließ uns das persönliche und das Gemeinschaftsideal finden."

In den Ohren der braunen Herrenmenschen musste so eine scheinbar harmlose Dankeshymne – vorgetragen sechs Wochen nach dem Überfall auf Polen, der den Zweiten Weltkrieg einleitete – wie eine freche Kampfansage klingen: Wer von der „gottgewollten Eigenart des Individuums" und einem „persönlichen Ideal" zu reden wagte, verweigerte sich der Gleichschaltung des Denkens und Gewissens und dem gnadenlosen Dogma „Du bist nichts, dein Volk ist alles". Unverschämt genug, neben dem neuen Messias Adolf Hitler einen „Führer" im Himmel zu verehren und den „jüdischen" Zehn Geboten Treue zu schwören.

Ein besonders politisch interessierter Mensch ist Joseph Kentenich nie gewesen. Aber anders als so manche Professoren und kluge Leitartikler wusste Joseph Kentenich von Anfang an, woran er mit den Nazis war. Hitler charakterisierte er einmal als „durch und durch irrational eingestellt, ganz im Gegensatz zu Goebbels. Deswegen seine Empfänglichkeit für teuflischen Einfluss und seine Beeinflussbarkeit durch jeweilige Umgebung." Das Menschenbild der Nazis musste ihm als Musterbeispiel jener Vermassung und Entpersönlichung erscheinen, gegen die er mit Leidenschaft kämpfte. Doch nicht weniger schlimm als die Weltanschauung der neuen Machthaber fand er ihre dumpfe Brutalität. Nach dem Vorbild der KZs hätten sie die ganze Welt leiten wollen.

Im September 1935 widmete das Sicherheitshauptamt des Sicherheitsdienstes der SS (Leiter: Reinhard Heydrich) in einem Geheimbericht über das katholische Verbandswesen dem Schönstattwerk einen ausführlichen Steckbrief. Die Partei zeigte sich alarmiert darüber, dass die Schönstätter in Konkurrenz zum Nationalsozialismus ebenfalls eine Erneuerung Deutschlands anstrebten, dass sie Elitekader für die Katholische Aktion ausbildeten und dass sie eine eigene Heldenverehrung (nämlich die der im Ersten Weltkrieg gefallenen Mitglieder) inszenierten.

Natürlich saßen die Spitzel auch unter Kentenichs Predigthörern und Kursteilnehmern. Der Schönstatt-Gründer war zwar klug genug, immer vom russischen Bolschewismus zu sprechen, wenn er die staatlich organisierte Lüge, die Auflösung der Rechtsordnung, die auf Blut, Rasse und Selbsterlösung gegründete „Scheinreligion", die „Versklavung des religiösen Triebes der menschlichen Natur" und den aggressiven Fanatismus auch bei Frauen geißelte – aber jeder wusste, dass er damit die braunen Machthaber im eigenen Land meinte.

Bewusster Entschluss für das KZ

Es hatte schon mehrere Haussuchungen und Verhaftungen in Schönstatt gegeben, da lud die Gestapo im September 1941 auch Pater Kentenich vor. Die Ratschläge befreundeter Priester, in die Schweiz zu fliehen, hatte er kategorisch abgelehnt. Man konfrontierte ihn mit gefährlichen Aussagen aus seinen Vorträgen: „Wir halten fest an unserem Kreuz, mögen die anderen an ihrem Kreuz festhalten." – „Meine Lebensaufgabe besteht darin, den Nationalsozialismus auszuhöhlen."

Kentenich ist nicht verprügelt und gefoltert worden wie andere Gestapo-Opfer. Eine Tortur waren die ersten vier Wochen ununterbrochener Dunkelhaft in einem stickigen Kellerverließ allemal; manche seiner Mithäftlinge mussten schon nach wenigen Tagen mit einem Nervenzusammenbruch wieder nach oben geholt werden. Wenn aus den Nachbarzellen das Schreien und Toben der Verzweifelten zu hören war, half er sich (und vielleicht auch seinen Mithäftlingen), indem er laut zu singen begann, „und zwar alle Lieder, die ich kannte."

Damals vertraute er Gott seinen eisernen Entschluss an: „Willst du meine Arbeit: Adsum! [„Ich bin bereit."] Willst du das langsame Verbluten aller geistigen Kräfte: Adsum! Willst du meinen Tod: Adsum! Aber sorge dafür, dass alle, die du mir gegeben, den Heiland lieben, für ihn leben und sterben lernen."

Und dann geschieht etwas Verrücktes: Obwohl ihm eine ärztliche Untersuchung angeboten wird, die ihm den Transport ins KZ Dachau vermutlich erspart hätte, entscheidet er sich bewusst für das Konzentrationslager – und erlebt diesen Entschluss als Befreiung. Weil er nur von Gott gerettet werden will, wird das auch geschehen, da ist er sich plötzlich ganz sicher.

Ein Stück Menschenwürde in der Hölle

Im März 1942, als Kentenich in Dachau eintrifft, sind in dem für 5 000

Häftlinge gebauten Lager mehr als 12 000 Menschen zusammengepfercht, Juden, politische Gefangene, Zeugen Jehovas, Homosexuelle, Landstreicher, „Zigeuner", strafentlassene Schwerverbrecher. Im „Priesterblock" waren 1 700 Geistliche inhaftiert.

Zwei Briefe pro Monat dürfen die Gefangenen nach Hause schicken. In seiner ersten Nachricht schreibt Pater Joseph: „Wie es mir geht? Paulus würde antworten: ‚Alles kann ich in dem, der mich stärkt.' Es geht mir also gut. Und sonst? Im übrigen bin ich geistig ständig bei den Meinen und hoffe, ihnen noch mehr dienen zu können als bisher." Denn das Saatkorn müsse nach einem Wort Jesu erst in die Erde gesenkt werden und untergehen, bis es Frucht bringe.

Mitten in der von Menschen erfundenen Hölle bemüht sich Kentenich, seine Würde zu behalten: „Wir Priester", schwört er sich, „wollen in primitivsten Verhältnissen nicht primitiv (...) reagieren." Als ihn ein elsässischer Mitbruder verzweifelt fragt, ob man aus diesem „Schlamassel" wohl je wieder herauskomme, antwortet Kentenich mit einem tröstenden Lächeln: „Das ist doch gar nicht die Frage! Die eigentliche Frage ist, ob wir hier den Willen Gottes tun oder nicht." Und schon hat er wieder einen Freund gewonnen.

Ein naiver Optimist, der die Augen vor dem Grauen ringsum verschließt, ist er freilich nie gewesen. Er baute gute Verbindungen im Lager auf, die bis in die Schreibbüros reichten, und in mehreren Fällen gelang es ihm, Mithäftlinge kurz vor dem Transport in die Gaskammer wieder von der Liste streichen zu lassen. Als er das einmal trotz aller Anstrengungen nicht schaffte, brach er in bittere Tränen aus.

Und doch konnte der Kentenich-Biograph Engelbert Monnerjahn schreiben, Kentenichs Aktivitäten in Dachau seien „ein Beispiel, wie Seelsorge in einer total säkularisierten Umgebung aussehen und vor sich gehen kann". Das übliche Gerüst von Gottesdiensten, Beichtangeboten, Predigten, Bibelkursen war im KZ, wo jede religiöse Betätigung streng verboten war, natürlich nicht möglich. Kentenich machte es ganz anders: Er war einfach da, so gut er konnte. Er ließ sich ansprechen und suchte selbst das Gespräch.

Unaufdringlich, aber mit warmem Interesse und unstillbarer Neugier verwickelte er seine Mithäftlinge in tiefgründige Unterhaltungen.

Für seine Mitgeistlichen im Lager gründete er eine „Internationale" von Schönstatt, in der tschechische, polnische, französische, belgische, italienische und deutsche Priester brüderlich zusammenarbeiten sollten: Maria möge die hier Inhaftierten als ihre Werkzeuge benutzen, als „starke Bürgen für den Völkerfrieden".

Die Päckchen mit Lebensmitteln, Medikamenten und warmen Strümpfen, die er aus Schönstatt erhielt – im Oktober 1942 erlaubte die Lagerleitung endlich die Zusendung von Paketen –, gab er lächelnd an Mithäftlinge weiter, denen es noch schlechter ging. Und zwar „restlos", wie der Zentrumsabgeordnete Joseph Joos als Augenzeuge berichtete.

Eine Torte voller Briefe und ein Gedicht mit 5870 Strophen

Während das Lager Dachau immer stärker die alptraumhafte Gestalt einer Hölle auf Erden annahm, während aus den besetzten Ländern immer mehr Häftlinge eingeliefert wurden, Hungersnöte und Seuchen grassierten, diktierte Pater Kentenich Brief um Brief – und dazu umfangreiche Studien. Mitten im Menschengewimmel, die für 50 Mann gedachten „Stuben" in den KZ-Baracken waren längst von 200 und mehr bewohnt, saß der Priester wie ein Philosoph in einer Ecke, besserte emsig die Strohsäcke der Mitgefangenen aus – das war seine ihm offiziell zugeteilte Arbeit – und diktierte.

Im März 1943 erhielt Pater Kentenich ein Osterpaket mit zwei prächtig aussehenden Torten. Beglückt schnitt man die Osterüberraschung an – und fand in den Torten einen Riesenpacken Briefe. Kentenich war so begeistert von der Findigkeit seiner Leute, dass er die in den Briefen gestellten Fragen seinerseits in lockerer Gedichtform zu beantworten begann. Er formulierte Kriterien für die Aufnahme neuer Mitglieder, gab Anweisungen für Ausbildung, Kleidung und Wohnen, dachte über Arbeitsfelder und Seelsorgseinsätze nach, legte den Schwestern die Fürsorge für ihre Alten und Kranken ans Herz. Er diktierte und diktierte, manchmal hundert kurze Strophen am Stück. Im Januar 1944 war der Hirtenspiegel fertig: 5870 Strophen! „Ich habe von Dachau aus eine ganze Bibliothek diktiert", stellte er in einer Mischung aus Stolz und Amüsement fest.

Am 29. April 1945 zogen die Amerikaner unter dem Jubel von 32 000 noch im Lager verbliebenen Gefangenen in Dachau ein. Die Schönstätter begrüßten sie mit ihrer Hymne „Wir werden nicht untergehn!" Die SS-Bewacher hatten das KZ verlassen und 8 000 Häftlinge mitgenommen auf einen makabren Marsch in die Freiheit, der noch einmal viele Todesopfer forderte. Pater Kentenich war nicht dabei; der Reichsführer SS Heinrich Himmler, der hinter Hitlers Rücken Möglichkeiten eines Waffenstillstands sondierte und sich mit humanen Gesten bei den Alliierten und im Vatikan einschmeicheln wollte, hatte Anfang April Befehl gegeben, nach und nach kleine Gruppen von gefangenen Priestern zu entlassen. Darunter war am 6. April auch Joseph Kentenich.

Sechs Wochen später kam er – nach Zwischenstationen in Freising und Ennabeuren auf der Schwäbischen Alb – wieder in seinem geliebten Schönstatt an, das er vor vier Jahren zum letzten Mal gesehen hatte. David hatte Goliat besiegt, die waffenlosen Legionen der Madonna triumphierten am Ende über die Terrorarmee des Satans mit ihren Folterkellern und Massenhinrichtungen: „Der kleine David sind wir gewesen, und unsere Waffe (Schleuder und Stein) war das Liebesbündnis."

5. Der Warner

Nikolaus Groß

Kein Foto vom Führer

„Gegen den Ruf nach dem starken Mann! Die ungeheuren Spannungen, die sich unter der Oberfläche jedes diktatorischen Regimes bilden, die ständige Unsicherheit (...) sind schlimmer als das ungehinderte Ringen nach einer neuen Form. Das deutsche Volk, im Keim gesund, braucht keine Gewalt, es braucht nur Zeit."

Nikolaus Groß in der „WAZ"

„Längst habe ich eingesehen, dass Euer Schicksal gar nicht von mir abhängt. Wenn Gott es so will, dass ich nicht mehr bei Euch sein soll, dann hat er auch für Euch eine Hilfe bereit, die ohne mich wirkt. Gott verlässt keinen, der ihm treu ist (...). Gott vergelte Euch, was Ihr mir Liebes und Gutes getan habt. Im Vertrauen auf seine Gnade und Güte hofft auf ein ewiges Wiedersehen in seinem Reiche des Friedens Euer Vater."

Abschiedsbrief von Nikolaus Groß an seine Familie zwei Tage vor seiner Hinrichtung, 21. Januar 1945

Nikolaus Groß mit einem seiner sieben Kinder

In der Westdeutschen Arbeiterzeitung warnte er schon 1929: „Gegen den Ruf nach dem starken Mann! Die ungeheuren Spannungen, die sich unter der Oberfläche jedes diktatorischen Regimes bilden, die ständige Unsicherheit (...) sind schlimmer als das ungehinderte Ringen nach einer neuen Form. Das deutsche Volk, im Keim gesund, braucht keine Gewalt, es braucht nur Zeit."

Vier Jahre vor Hitlers Machtübernahme grenzte so ein Leitartikel an Prophetie. Ähnlich wie die Analyse, die Nikolaus Groß im Bürgerkriegsjahr 1932 dem spürbar erstarkenden Nationalsozialismus widmete: „Der NS (...) ist das Evangelium der politisch und wirtschaftlich Primitiven. (...) Gebt uns die Macht, und alles wird anders werden! Fertig! Über das 'Wie' und 'Wo' äußert er sich niemals (...)." Vielleicht lag es daran, dass der Publizist Groß kein abgehobener Intellektueller war, sondern ein bodenständiger, nüchterner Mann der Basis, wie man heute sagen würde. Ein Arbeiter, der sich sein Wissen mit zähem Fleiß angeeignet und Politik immer aus der Warte des kleinen Mannes betrachtet, gestaltet, zunächst einmal aber erlitten hatte.

In Niederwenigern im Ruhrpott kam Nikolaus Groß 1898 zur Welt, als Sohn eines Zechenschmieds. Der „Nickel" fand Arbeit in einem Blechwalzwerk und dann - wie der Vater - auf einer Zeche in Essen, als Kohlenhauer. Die Bergmannstätigkeit war extrem hart, zehn Stunden unter Tage. Hier in Essen trat Nikolaus dem Gewerkverein Christlicher Bergarbeiter, der ersten christlichen Gewerkschaft Deutschlands, und der Zentrumspartei bei. Hier in Essen bildete er sich in Abendkursen und Rednerschulungen fort; wenn er heimkam, las er bis in die tiefe Nacht hinein politische, geschichtliche, wirtschaftswissenschaftliche Literatur, lernte wie ein Besessener.

Die christlichen Gewerkschaften und die katholischen Arbeitervereine waren erheblich stärker, als man heute glauben mag: Sozialisten und Liberale blickten mit Neid, bestenfalls mit Respekt, auf die vitale christlich-soziale Konkurrenz. 1925 verfügten 3000 katholische Arbeiter- und Arbeiterinnen-Vereine deutschlandweit über 320 000 Mitglieder. Gegen das soziale Elend vor allem der Arbeitslosen - eine Erwerbslosenversicherung gab es ja noch nicht - und gegen die ungerechten Gesellschaftsstrukturen kämpfte das christliche Arbeiterlager genauso leidenschaftlich wie die Rivalen unter den roten Fahnen. Man grenzte sich doppelt ab: zum einen von den individualistischen Freiheitsideen der Weimarer Republik, zum andern von den Klassenkampfparolen der Kommunisten.

Journalist beim „Bergknappen"

1920, er war 21 Jahre alt, hängte Nikolaus seine Bergmannsbluse aus schwarzer Leinwand an den Nagel und ließ sich vom Gewerkverein Christlicher Bergarbeiter als Jugendsekretär anstellen. Zu Fuß oder mit dem Fahrrad durchquerte er das ganze Ruhrgebiet, hielt Vorträge, baute Jugendgruppen auf. Er erhielt eine Ausbildung in der Redaktion des Gewerkschaftsblatts Bergknappe; er engagierte sich in Eisleben beim großen Streik der Kupferbergleute, denen es in der beginnenden Inflation hundeelend ging; und schließlich wurde er Bezirkssekretär des Bergarbeiter-Gewerkvereins für das südliche Sachsen. Zu seinen wichtigsten Aufgaben gehörte die Rechtsberatung der Arbeiter.

1927 holte man Nikolaus Groß in die Redaktion der Westdeutschen Arbeiterzeitung in Essen; das war das Verbandsorgan der katholischen Arbeitervereine mit einer Auflage von immerhin 170 000 Exemplaren. Groß, ein stiller, sensibler Typ, bedächtig, mit einer manchmal fast spröden Sprache, aber ein begnadeter Journalist mit der Fähigkeit, die Dinge auf den Punkt zu bringen, stieg schnell zum Hauptschriftleiter auf.

Als 1929 der Kurs an der New Yorker Börse dramatisch abstürzte und die Arbeitslosenzahl auf dreieinhalb Millionen hochschnellte, als bei den Reichstagswahlen 1930 die Nazis ihren Mandatsanteil von zwölf auf 107 steigerten und auch die Kommunisten zulegten, spätestens da wurde die Auseinandersetzung mit den Extremisten zum Hauptinhalt des Blattes. „Dass ein so großer Teil Wähler dieser politisch ideenlosen Gruppe ihre Stimme zuwandte", schrieb Groß schon nach der Wahl zum Preußischen Landtag 1929, „zeugt von keiner politischen Reife und Urteilsfähigkeit."

Am gefährlichsten sei der Einzug der Nazis in viele Kommunalparlamente. Zum Glück sei es der braunen Bewegung bisher nicht gelungen, in die organisierte Arbeiterschaft einzubrechen. Deshalb sei es wichtig, sich geschlossen und massiv zu wehren. Groß: „Aus dem Geleise geworfene Menschen, Entwurzelte, Verbitterte, Verwirrte, unerfahrene Jugend, das flüchtet irgendwie erregt in die Arme von Narren und Demagogen, die das Land durchziehen und die Verwüstung weitertragen (...)."

Widerstand zwischen den Zeilen

Am 30. Januar 1933 war es soweit: Hitler wurde zum Reichskanzler ernannt. Nur kurze Zeit, und die WAZ wurde zum ersten Mal für drei Wochen verboten, weil sie andeutete, die Nazis könnten beim Brand

des Reichstags die Hände im Spiel gehabt haben. Die Redakteure ließen sich davon nicht einschüchtern – aber sie änderten ihre Methode: Vor allem Nikolaus Groß entwickelte eine Meisterschaft darin, seine Kritik am staatlich gelenkten Terror und am Rassismus in raffiniert verschlüsselte Formen zu gießen.

Man berichtete etwa detailliert und empört über die Christenverfolgungen in Mexiko und der Sowjetunion; die Zeitungsleser verstanden sehr gut, dass damit die kirchenfeindlichen Maßnahmen der Hitler-Regierung gemeint waren. Als sich die Nachrichten über die Judenverfolgung häuften, erinnerte Nikolaus Groß in der WAZ an einen Rabbiner, der im Ersten Weltkrieg einem sterbenden Priester Beistand geleistet und dabei selbst den Tod gefunden hatte. Sein sparsamer Kommentar: „Man muss den Heldenmut und die Liebe ehren, wo man sie findet."

Scheinbar ohne aktuellen politischen Bezug wies die WAZ auf die hohe Zahl der im Weltkrieg gefallenen jüdischen Soldaten hin oder brachte eine Betrachtung über die jüdischen Ursprünge des christlichen Erntedankfestes. Unter den Bedingungen einer rassistischen, freiheitsfeindlichen Diktatur waren diese listigen Anspielungen, versteckt in religiösen Meditationen, historischen Abhandlungen, Texten aus der deutschen Literatur, keineswegs ungefährlich. Weigerte sich dieser Redakteur Groß nicht hartnäckig, Fotos des „Führers" oder anderer Parteigewaltiger zu drucken?

Die Ketteler-Wacht, wie sich die Zeitung der katholischen Arbeiter mittlerweile nennen musste, wurde wiederholt beanstandet, verboten, wieder zugelassen, im November 1938 endgültig verboten. Seine Frau und die mittlerweile sieben Kinder bekamen den rastlos herumreisenden, in vielen Ämtern aktiven Verbandsfunktionär Groß nun zwar öfter zu sehen. Doch wenn er zu Hause saß, schrieb er Kleinschriften und einen Katechismus und organisierte Tagungen für die Männerseelsorge, bei denen regelmäßig auch Persönlichkeiten aus Widerstandskreisen zusammentrafen. Wegen seiner Aktivitäten für die Arbeitervereine bekam Groß mehrfach Gestapo-Vorladungen und musste Haussuchungen über sich ergehen lassen.

Im Folterkeller der Gestapo

Im Kölner Kettelerhaus waren seit Hitlers Machtübernahme immer wieder christliche Gewerkschafter, Sekretäre der Arbeiterbewegung, Politiker des aufgelösten Zentrums zusammengetroffen, um Möglichkeiten zu erörtern, sich dem Regime zu verweigern und den Neuaufbau Deutschlands nach dem erhofften Ende der Nazi-Herrschaft vorzuberei-

ten. Nikolaus Groß kam im Kölner Kettelerhaus in Kontakt mit dem Jesuiten Alfred Delp, dem Vordenker einer Art von christlichem Sozialismus, und mit Carl Friedrich Goerdeler, dem einstigen Oberbürgermeister von Leipzig, zentrale Figur der bürgerlichen Widerstandskreise. Nach einem gelungenen Attentat hätte Goerdeler Hitler als Reichskanzler ablösen sollen.

Am 12. August 1944 tauchten finster blickende Männer in dunklen Ledermänteln daheim in der Kölner Wohnung auf, führten Groß ab und brausten in einer schweren Limousine davon: Gestapo-Haft. Man warf dem Publizisten vor, die Treffen des Kölner Kreises koordiniert und Kurierdienste für Goerdeler geleistet zu haben. Ob Groß vom Attentat des 20. Juli auf Hitler wusste, lässt sich nicht mehr genau klären.

Aber das war auch unwichtig. Die Gestapo wird die gewünschten Geständnisse bekommen haben. Groß wurde in die berüchtigte mecklenburgische Sicherheitspolizeischule Drögen gebracht. Eine Sonderkommission pflegte dort die Feinheiten moderner Folter. In seiner einsamen Zelle schwankte er zwischen Verzweiflung und Hoffnung; seiner Familie schrieb er, ein Brief pro Woche war erlaubt: „Gott schickt uns nicht mehr, als wir tragen können. Darum immer getrost und starken Mutes. (...) Schickt aber sofort Briefpapier und Marken."

Am 15. Januar 1945 wurde Groß vom Volksgerichtshof zum Tod verurteilt. Die blumige Begründung des Blutrichters Roland Freisler: „Er schwamm mit im Verrat, muss folglich auch darin ertrinken!" Am 23. Januar wurde Groß in Berlin-Plötzensee gehenkt, 46 Jahre alt.

6. Der Neinsager
Franz Reinisch

„Ich gehe immer aufs Ganze"

„Pius XII. erließ am 25. 8. 39 noch zum letzten Mal eine Aufforderung an die Regierungen zum friedlichen Verhandeln. Aber die NS-Regierung mit dem preußischen Militarismus entschied sich für den Krieg. Sie macht also die Rechnung ohne den Wirt! Wo Gewalt, Lug und Trug allein das Feld beherrschen, da helfe ich als Priester nicht mit."

„Wenn behauptet wird, es sei sinnlos, so leichtfertig sein Leben hinzuopfern, da ich viel als Sanitäter für die Kameraden tun könnte, so gebe ich die Antwort: Gott verlangt einmal von mir, diesen Weg zu gehen.

Einwand: Einzelunternehmungen haben doch keinen Zweck!

Antwort: Einzelunternehmungen dürfen in Zukunft nicht mehr mit rein natürlichen Augen angesehen werden, sondern im Lichte des Glaubens."

Franz Reinisch, Tagebuchnotizen vom 26. Juli 1942 im Wehrmachtsgefängnis Berlin-Tegel

Familie Reinisch am 4. Juni 1934 bei der Profess von Schwester Agilberta Reinisch (v.l.): Andreas, Johanna, Vater Dr. Franz Reinisch, Mariedl (Schwester Agilberta), Franz, Mutter Maria Reinisch geb. Huber, Marta

„Unterstützt die Waffen unserer Soldaten mit Euren gemeinsamen Gebeten!", forderte Bischof Joseph Kumpfmüller von Augsburg 1941 in einem Hirtenbrief zum Rosenkranzmonat, als Hitlers Truppen bereits tief in Russland standen. Es gehe ja gegen den „Bolschewismus" und gegen die „Feinde unseres Glaubens".

Der Münchner Kardinal Michael von Faulhaber erklärte kurz darauf, gern stimme man dem Einschmelzen der Kirchenglocken für Rüstungszwecke zu, „wenn es nun notwendig geworden ist zu einem glücklichen Ausgang des Krieges". Den „todesmutigen Soldaten" schulde man tiefen Dank für ihren Kampf gegen den „Weltfeind".

Wie konnte da ein kleiner Tiroler Priester auf Verständnis hoffen, als er im selben Jahr den Wehrdienst und den Fahneneid auf den „Führer" verweigerte? Vor der Wehrmacht habe er Respekt und auf das deutsche Volk könne er so einen Eid leisten, präzisierte er, „aber auf einen Mann wie Hitler – nie!"

Pater Franz Reinisch berief sich auf ein Notwehrrecht gegen das Prinzip der Nazis „Gewalt geht vor Recht" und erklärte, es müsse Menschen geben, die gegen den Missbrauch der Macht protestierten. Die gegenwärtige Regierung sei nur durch „Gewalt, Lug und Trug" ans Ruder gekommen.

Kein Eid auf diesen Führer

1903 im österreichischen Feldkirch geboren, begann Reinisch zunächst dort in Innsbruck Jura und dann in Kiel Gerichtsmedizin zu studieren; plötzlich entschloss er sich zum Priesterberuf und trat bei den Pallottinern ein. Er habe in Kiel soviel „religiössittliches Elend" gesehen; „da brach in mir die Sehnsucht auf, für Christus Seelen zu gewinnen." In Friedberg bei Augsburg war er als Jugendseelsorger tätig. Und er begeisterte sich für die Schönstattbewegung mit ihrer warmherzigen Marienverehrung und ihrem missionarischen Schwung. Hätte er den „Gnadenort" der Dreimal Wunderbaren Mutter von Schönstatt nicht gehabt, schrieb er später in der Gefängniszelle nieder, „ich wäre abgebogen und verzweifelt."

Den Nazis, mit denen er immer wieder aneinander geriet, verübelte er vor allem die Annexion seines Vaterlandes Österreich. Als die deutschen Truppen in der Alpenrepublik einmarschieren, empfindet er das als Vergewaltigung und als „Brutalität ohnegleichen". Ein schwacher Trost, als ihn der Orden – der ihn durch immer neue Versetzungen aus der politischen Schusslinie zu nehmen versucht – 1938 aus dem fränkischen Untermerzbach in sein geliebtes Schönstatt schickt, wo Joseph Kentenich sein geistlicher Vater wird.

Den Mund lässt sich Reinisch auch am neuen Wirkungsort nicht verbieten: 1940 belegt ihn die Gestapo mit einem Rede- und Predigtverbot.

Wenig später dann die Einberufung zum Kriegsdienst – als Sanitätssoldat – und die Verweigerung des Fahneneides, die seinen Orden in helle Aufregung stürzte. Mehrere Patres saßen bereits in Gefängnissen und in den Konzentrationslagern Dachau und Buchenwald; noch mehr Irritationen meinte man sich nicht leisten zu können, wollte man nicht das Verbot des Pallottinerordens im ganzen Reich riskieren. Deshalb drohte die Ordensleitung Reinisch mit dem formellen Rauswurf, bat seine Eltern verzweifelt, den Sohn umzustimmen.

In den Ordenssatzungen ist für den delikaten Fall, dass ein Pallottiner großen Schaden für die Gemeinschaft heraufbeschwören sollte, diese Möglichkeit vorgesehen, den Unglücksraben vorübergehend „in die Welt zu überstellen", ohne dass dies kirchenrechtliche Konsequenzen für seine Ordenszugehörigkeit hätte. Franz Reinisch, der seinen Orden liebte, erklärte sich sofort zu einer solchen Lösung bereit.

Von seiner Haltung aber rückte er keinen Millimeter ab – auch wenn ihm der stellvertretende Gefängnispfarrer aus Entrüstung anfangs die Kommunion verweigerte. In der deutschen Wehrmacht sei noch am ehesten „Recht und Gerechtigkeit" zu finden und „eine Fülle von sittlich-religiös hochstehenden Persönlichkeiten", gestand er vor Gericht zu. Aber wo „Gewalt, Lug und Trug" das Feld beherrschten und der Krieg dem friedlichen Verhandeln vorgezogen werde, da könne er als Priester nicht mitmachen.

Und einem Kriegsverbrecher ewige Treue geloben: „Ich schwöre bei Gott diesen heiligen Eid", so hieß es im Fahneneid, „dass ich dem Führer des Deutschen Reiches und Volkes, Adolf Hitler, dem Obersten Befehlshaber der Wehrmacht, unbedingten Gehorsam leisten und als tapferer Soldat bereit sein will, jederzeit für diesen Eid mein Leben einzusetzen."

Der Prozess vor dem Reichskriegsgericht war eine Farce wie alle diese Prozesse. Franz Reinisch wollte begründen, warum er die gegenwärtige Staatsführung nicht anerkennen und Hitler keinen Treueid leisten konnte. Aber sofort unterbrach ihn der Gerichtsvorsitzende: „Halten Sie hier keine politischen Propagandareden! Im übrigen sind wir kein Kirchengericht, sondern ein Kriegsgericht. Wir haben vor Ihnen gar keine Achtung, wo Sie wissen, dass es heute um den Bolschewismus geht! Sie stellen sich ein, um einen Vergleich zu gebrau-

chen, bei einem brennenden Hause, um Ihre Habseligkeiten zu retten, das andere mag zugrunde gehen."

Todesangst und ewige Liebe

Als Reinisch noch einen Versuch machte, seine Haltung zur Wehrmacht und zum Fahneneid zu erläutern und zu einer feinen Unterscheidung ansetzte, brüllte der Vorsitzende los: „Ich verlange ein klares Ja oder Nein. Die Lauen werden ausgespieen: Bist du nicht für mich, so bist du gegen mich!"

Auf diese fast an ein religiöses Bekenntnis erinnernde Frage antwortete der Priester mit „Nein" – und es klang gar nicht resigniert, sondern fast freudig, obwohl er seinem Tagebuch anvertraut hatte, dass er von Todesangst heimgesucht werde. „Sie ist einfach da, ob ich will oder nicht. (...) Sie ist ein seelisches Feuer, ein Sich-Winden und Drehen, Beklommenheit, Enge, ein Zusammengepresstsein im Gehirn wie im Herzen (physiologisch). Darüber hinaus stellt sich das seelisch-gnadenhafte Ringen ein. Das Erkennen und Erleben der ganzen Vergänglichkeit irdischer Werte, der eigenen Armseligkeit und Hilflosigkeit wie Erbärmlichkeit. Gläubig gesehen ist es wohl ein ganz gewaltiges Hineingetriebenwerden in die Arme Gottes, in die Allmacht und Barmherzigkeit Gottes."

Franz Reinisch wurde wegen „Zersetzung der Wehrkraft" zum Tod verurteilt; in schwerer Stunde habe er sich dem Dienst am Vaterland entzogen. Der Ordensprovinzial setzte alle Hebel in Bewegung, um den Todeskandidaten doch noch zur Eidesleistung zu bewegen. Er fuhr zu Reinischs Eltern nach Innsbruck – ohne Erfolg. Ihr Sohn wisse sehr wohl, was er tue, sagten sie ihm, und er werde auch die Verantwortung dafür übernehmen. Auch ein Gespräch mit Franz Reinisch selbst blieb ergebnislos.

In seinem Tagebuch hatte er sich längst mit dem Tod ausgesöhnt. „Liebe um Liebe!", notierte er in der zärtlichen Sprache mittelalterlicher Mystiker. „Unendliche Liebe, lass mich Dich wiederlieben. (...) Lass mich nur mehr um Dich kreisen (...). Ich will Liebesflamme, hochlodernder Liebesbrand sein. (...) Mehr Liebe! Liebe! Liebe!!! (...) Todesangst und Tod, wo ist dein Stachel?! Alles, alles ist nur Liebe!!!, das heißt Liebesbund hin zur Urquelle der Liebe, zur Lichtschau."

Am 21. August 1942, sechs Wochen nach dem Todesurteil, wurde Franz Reinisch 39-jährig mit dem Fallbeil hingerichtet. Er sei eben ein Mensch, „der immer aufs Ganze geht", hatte er einem Wehrmachtspfarrer im Gefängnis lächelnd gestanden.

7. Der Anwalt der Verfolgten

Bernhard Lichtenberg

„Auch wenn ich nur einer bin"

„Es war im November 1938, als die Schaufenster in den Geschäften zerstört wurden und die Synagogen brannten; da ging ich an einem Morgen vor meiner Messe, das heißt zwischen fünf und sechs Uhr, durch die Straßen meiner Pfarrei. Als ich diese Zerstörung erlebte, bei der die Polizei untätig zusah, war ich empört über diesen Vandalismus, und ich fragte mich: Was kann da noch helfen, wo so etwas möglich ist in einem geordneten Staat? Und ich sagte mir: Da kann nur noch eines helfen, das Gebet. Und an diesem Abend betete ich ein erstes Mal: ‚Lasst uns beten für die verfolgten nichtarischen Christen und die Juden.'"

Lichtenberg vor Gericht am 22. Mai 1942

„Eigenwilliger, unbelehrbarer Mann. (...) Gibt zu, öffentlich für die Juden gebetet zu haben. Traurig, er hat den Zug der Zeit nicht erfasst und hat vorbeigelebt. Hat bewusst gehandelt."

Aktenvermerk der Gestapo nach einem Verhör mit Lichtenberg

Im Büro des preußischen Ministerpräsidenten Hermann Göring herrscht im Juli 1935 helle Empörung: Irgendein Kirchenmann hat angerufen und aufgeregt eine sofortige Unterredung mit Göring verlangt. Ihm seien entsetzliche Vorkommnisse im Konzentrationslager Esterwegen zu Ohren gekommen...

Was gehen den Pfaffen die KZs an? In Esterwegen im Emslandmoor, nahe der holländischen Grenze, sind Juden, Kommunisten, Sozis, auch einstige Regierungsbeamte interniert, natürlich wird dort geprügelt, die SS hat auch schon etliche Juden und Ex-Prominente erschossen – na und? Das ist Sache des neuen Staates. Wo gehobelt wird, fallen eben Späne!

Aber ganz kann man es sich nicht – noch nicht! – mit der Kirche verderben. Also gibt man dem Schwarzrock einen Termin. Es handelt sich immerhin um den kommissarischen Leiter des Bistums Berlin, den Vertreter des eben gestorbenen Bischofs, einen gewissen Bernhard Lichtenberg.

Ein Ministerialdirektor hört ihn an, aha, von einem Roten stammen seine Informationen, vom einstigen Sekretär der sozialdemokratischen Fraktion im preußischen Landtag. Eine saubere Gesellschaft! Lichtenbergs schriftlich eingereichtes Memorandum schildert detailliert das in Esterwegen übliche Prügelritual – vor den versammelten Lagerinsassen 25 Schläge mit dem Ochsenziemer, die der Gefangene mitzählen musste – und die Behandlung der Juden: „Sie müssen meistens Jauche fahren, die Klosettgruben reinigen, und das teilweise mit den Händen."

Lichtenberg bekommt den freundlichen Bescheid, ach, man wisse schon um die Missstände und werde sich um Abhilfe bemühen. Doch der lästige Pfaffe lässt sich nicht so schnell abspeisen. Er knallt seinen Bericht auf die Tischplatte und schreibt eigenhändig dazu: „Dem Preußischen Staatsministerium persönlich überreicht mit der Bitte um Nachprüfung und Remedur. Berlin, 18. VII. 1935. Lichtenberg, Domkapitular."

Von diesem Augenblick an steht Bernhard Lichtenberg auf der schwarzen Liste der Nazis.

Berlin: Boulevards und Mietskasernen

Mit dem unentwegten Kampf gegen Widerstände war er groß geworden. Die Katholiken bildeten eine kleine Minderheit im niederschlesischen Ohlau, wo er 1875 zur Welt kam. Lichtenbergs Vater, ein Kaufmann, engagierte sich im „Kulturkampf" leidenschaftlich für die katholische Sache und wurde folgerichtig von den protestantischen Beamten und Kleinbürgern boykottiert.

Soziale und gesellschaftspolitische Fragen interessierten auch seinen Sohn, als er in Prag, München und Innsbruck Theologie studierte. Später als Kaplan in Berlin belegte er drei Semester nationalökonomische Vorlesungen – zusätzlich zu den gewaltigen Aufgaben eines Großstadtseelsorgers.

Aus der biedermeierlichen Residenzstadt war längst ein ineinandergeschachteltes Gewirr aus Handels- und Transportzentren, Fabrikschloten, vielgeschossigen Mietskasernen und wüstenartigen Schuttabladeplätzen geworden. Berlin um die Jahrhundertwende: ein sozialer und kultureller Schmelztiegel.

Lichtenberg muss ein besessener Seelsorger gewesen sein, unkonventionell, immer präsent. Exakt 2578 Predigten hat er verfasst, die er mit gewaltiger Stimme vortrug wie ein Shakespeare-Darsteller. Als ihm ein Eisenbahner bedauernd erklärte, er könne sonntags leider nicht zur Messe gehen, sein Dienst beginne zu früh, da richtete Lichtenberg unverzüglich einen zusätzlichen Gottesdienst um dreiviertel fünf Uhr morgens ein.

„Ich fordere Rechenschaft für die Verbrechen"

Hitlers Mein Kampf hatte der streitbare Priester aufmerksam gelesen und mit kritischen Randbemerkungen versehen. Bei Propagandaveranstaltungen stieg er auf das Podium und wies die Hetze gegen Juden und Jesuiten sachlich, aber entschlossen zurück. Als der Friedensbund deutscher Katholiken, dem er angehörte, 1931 den Antikriegsfilm „Im Westen nichts Neues" nach dem Roman von Erich Maria Remarque zeigte, titelte der „Angriff", ein von Joseph Goebbels herausgegebenes nationalsozialistisches Kampfblatt: „Viehische Totenschändung!!! Prälat Lichtenberg verhöhnt unsere Gefallenen!!!"

Man wusste, dass er polnische Katholiken mit Geld und Lebensmitteln unterstützte. Die Bischofskonferenz erließ auf seine Initiative 1933 ein sehr scharfes – und wirkungsloses – Hirtenwort gegen das eben verkündete Gesetz zur Verhütung erbkranken Nachwuchses, das alle an vererbbaren Krankheiten Leidenden zur Zwangssterilisierung verdammte.

Am 10. November 1938 – die sogenannte Reichskristallnacht hatte zahllosen jüdischen Mitbürgern Tod und Deportation gebracht, aus der Ruine der zerstörten Berliner Synagoge drang noch Rauch – stieg der inzwischen zum Dompropst ernannte Lichtenberg auf die Kanzel der Hedwigskathedrale. „Ich dachte, mir blieb der Atem stehen", erinnert sich eine Augenzeugin, getaufte Jüdin, als sie Lichtenberg mit ruhiger Stimme sagen hörte:

„Ich bete für die Priester in den Konzentrationslagern, für die Juden, für die Nichtarier (...). Draußen brennt die Synagoge. Das ist auch ein Gotteshaus."

Es bleibt ein Rätsel, dass der Dompropst dieses Abendgebet für die verfolgten Juden noch drei Jahre lang Tag für Tag unbehelligt wiederholen konnte. Abend für Abend dieselbe Formel: „Lasset uns beten für die Juden und für die armen Gefangenen in den Konzentrationslagern." Abend für Abend die Erinnerung an das Schicksal derer, die dem herrschenden Wahn geopfert wurden. Abend für Abend der laute Widerspruch gegen das vorgeschriebene Weltbild: In denjenigen, denen die „Herrenrasse" ihre Menschenqualität absprach, entdeckte der Priester Lichtenberg das Antlitz Gottes, und er empfahl sie seiner Barmherzigkeit.

Offenbar haben die Mitbeter in der Kirche dichtgehalten. Auch das beim Bischöflichen Ordinariat eingerichtete Hilfswerk, das Juden Kleider- und Lebensmittelkarten beschaffte, etliche Deportationen verhinderte, manchem das Leben rettete, indem es sie als „Hausangestellte" nach England vermittelte, auch dieses Hilfswerk arbeitete mitten in Hitlers Regierungsviertel so gut getarnt, dass es nicht aufflog.

Dem Provokateur geschah auch nichts, als er 1941 in einem Schreiben an den „Reichsärzteführer" der NSDAP Dr. Leonardo Conti Aufklärung über die „Euthanasie", die vorsätzliche Tötung von Geisteskranken, verlangte. Er zitierte den Mordparagraphen des Reichsstrafgesetzbuches und stellte klar: „Auch wenn ich nur einer bin, so fordere ich doch von Ihnen Rechenschaft für die Verbrechen, die auf Ihr Geheiß oder mit Ihrer Billigung geschehen (...).

Im September 1941 wurden zwei Studentinnen aus dem Rheinland zufällig Ohrenzeuginnen der gewohnten Fürbitte für die Juden. Empört denunzierten sie den Priester. Lichtenberg kam in Untersuchungshaft: Schikanen, Verhöhnung, Gewalt. Schließlich wurde er wegen „Kanzelmissbrauchs" zu zwei Jahren Gefängnis verurteilt. Warum er denn ausgerechnet für die Juden gebetet habe, wollten die Richter wissen, für dieses „verfluchte Volk", das Christus gekreuzigt habe. Lichtenberg widersprach nach Augenzeugenberichten „mit starker, überzeugender Stimme": „Weil Jesus Christus, Gott hochgelobt in Ewigkeit, dem Fleische nach aus diesem Volk hervorgegangen ist."

Schwer herzkrank und gefährlich abgemagert, kam er nach zwei Jahren

im Gefängnis Berlin-Tegel im Oktober 1943 wieder in Freiheit – um von der Gestapo sofort in „Schutzhaft" genommen zu werden. Auf dem Weg ins KZ Dachau starb er völlig entkräftet am 5. November 1943 in der bayerischen Stadt Hof.

Papst Johannes Paul II. sprach Lichtenberg 1996 bei seinem dritten Deutschlandbesuch im Berliner Olympiastadion selig. In der Nähe der Haftanstalt Tegel gibt es schon lange eine „St. Bernhard-Kirche", die zwar dem Kirchenformer, Kreuzzugsprediger und Mystiker Bernhard von Clairvaux gewidmet ist, vom eigenwilligen Berliner Volk aber schon immer auch als Huldigung an den unbeugsamen Bernhard Lichtenberg verstanden wurde.

Tipps zum Weiterlesen:
Christian Feldmann über Widerstand im Dritten Reich

Die Wahrheit muss gesagt werden. Rupert Mayer – Leben im Widerstand
Herder 1987 (vergriffen)

Liebe, die das Leben kostet. Edith Stein – Jüdin, Philosophin, Ordensfrau
Herder 1987. Neuausgabe unter dem Titel: Edith Stein.
Jüdin – Atheistin – Ordensfrau. Herder 1998 (beide vergriffen)

Der Domprediger. Dr. Johann Maier – ein Leben im Widerstand
Mittelbayerische Druck- und Verlagsgesellschaft Regensburg 1995

Wer glaubt, muss widerstehen. Bernhard Lichtenberg – Karl Leisner
Herder 1996 (vergriffen)

Elie Wiesel – ein Leben gegen die Gleichgültigkeit
Herder Spektrum 1998 (vergriffen)

„Wir hätten schreien müssen." Das Leben des Dietrich Bonhoeffer
Herder Spektrum 1998

Edith Stein. Rowohlt-Monographien. Reinbek 2004

Alfred Delp. Leben gegen den Strom. Herder 2005

**Gottes sanfter Rebell. Joseph Kentenich
und seine Vision von einer neuen Welt.** Patris 2005

**Kämpfer – Träumer – Lebenskünstler.
Große Gestalten und Heilige für jeden Tag.** Herder 2005

Weitere Bücher der „Siebener Reihe":

Rudolf Ammann, Sieben Lichter am Weg. Patris 2002

Rudolf Ammann – Michael Blum, Sieben Sterne in der Nacht. Patris, Steyler 2002

Roswitha Dockendorff, Sieben Spiegel der Seele. Patris, Steyler 2003

Rudolf Ammann – Michael Blum, Sieben Strahlen der Freude. Patris, Paulus 2004